AF455156

La fede
è una scala traballante
che avvicina
ai misteri del cielo.
M. S.

ABRAMO

Dal vangelo secondo il poeta

Preghiera in siciliano
di
Michele Sarrica

Traduzione di Francesca Mazzola

ISBN 978-1-4477-7225-5

In copertina
"Il sacrificio di Isacco", 1860
Jean-Hippolyte Flandrin
Los Angeles County Museum

www.michelesarrica.it
michelesarrica@interfree.it

ABRAMO

Dal Vangelo secondo il poeta

Preghiera in siciliano
di
Michele Sarrica

Ur dei Caldei – Canaan, XIX secolo a.C.

Abramo = dall'Ebraico: grande padre.

Martirologio Romano

Commemorazione di Sant'Abramo, patriarca e padre di tutti i credenti che, chiamato da Dio, uscì dalla sua terra, Ur dei Caldei, e si mise in cammino per la terra promessa da Dio a lui e alla sua discendenza.

Abramo manifestò tutta la sua fede quando non rifiutò al suo Signore, Jahvè, di offrirgli in sacrificio il figlio richiesto, Isacco, figlio unigenito che il Signore gli aveva donato malgrado avesse cento anni e la vecchia moglie Sara, novantenne, fosse sterile.

COMMENTO DELL'AUTORE

Abramo, (anni cento), certo non era più un giovinetto quando il *Signore*, *Jahvè*, gli concesse la grazia di avere un figlio, il primo, dalla moglie *Sara.*

Sara, (anni novanta), era una donna sterile conclamata, quindi, pur volendo, non avrebbe mai potuto soddisfare tale desiderio di paternità insito nell'uomo *Abramo.* Scientificamente, *Sara*, non aveva nessuna possibilità di potere concepire.

Abramo, realista, indubbiamente, non aveva dimenticato la loro veneranda età e la loro condizione fisica quando il *Signore* gli comunicò che *Sara* gli avrebbe dato un figlio. *Abramo* "si gettò bocconi per terra, e rise, dicendo in cuor suo: "Possibile che nasca un figlio da un uomo di cento anni, e che *Sara* partorisca a novanta?" *(Gen. Cap. XVII).*

Da questo atteggiamento pessimistico e irrisorio, si deduce che *Abramo* non credesse nei miracoli e che, anzi, mostrasse un evidente disprezzo per quelle parole di speranza formulate dal S*ignore,* lo stesso in cui lui credeva ciecamente e al quale indirizzava le sue quotidiane preghiere.

Il *Signore*, stabilì che malgrado i tantissimi anni degli sposi e la sterilità di *Sara*, in loro si dovesse avverare il miracolo della vita, la vita che si rinnova per offrirsi al futuro, al mondo e alla storia dell'universo. Indescrivibile sarà stato lo stupore della signora *Sara* quando avrà avuto i primi sintomi concreti della gravidanza. E altrettanto felice sarà stato *Abramo* quando si rese conto di essere ancora in grado di esibire i suoi spermatozoi al mercato della fertilità.

Dopo i soliti nove mesi, *Sara,* diede alla luce un bel maschietto di tre chili e mezzo, così com'era stato promesso dal buon *Jahvè*. Lo chiamarono *Isacco*. E davvero indescrivibile sarà stata la gioia degli anziani sposi e grande la festa nella loro tribù.

Malgrado le oggettive difficoltà, per quei vecchi genitori, nell'allevare un bambino, la quotidianità, all'interno della famiglia *Abramo*, doveva avere quelle connotazioni sociali di benessere e serenità idonee alla sana crescita di *Isacco*!

Ma la tragedia era dietro l'angolo!...

Dopo la trepidante "attesa", dopo l'immensa felicità, dopo l'ansia del parto e le naturali tribolazioni psico-fisiche, un giorno, il grande e buon *Javhè* si catapulta sulla terra per mettere alla prova la fede di *Abramo*, uno dei suoi figli più fedeli. *Abramo*, in preda a una visione mistica o, forse, vittima di quei miraggi che il caldo del deserto procura ai suoi abitanti o agli imprudenti viaggiatori, avvista il *Signore*, ascolta le sue parole e, alla richiesta di offrirgli in olocausto l'unigenito figlio, *Isacco*, non osa profferire nemmeno un impercettibile e timido diniego.

- "*Abramo, Abramo*". Ed egli rispose: "Eccomi!" E *Dio* a lui: "Prendi il tuo figliolo unigenito, il tuo diletto *Isacco* e vai nella terra della visione, ove lo offrirai in olocausto sopra uno dei monti che ti dirò". *(Gen. Cap. XXII).*

C'è da chiedersi: è mai possibile che il nostro potente e onniveggente *Signore*, per provare la fede del suo degnissimo figlio, *Abramo*, dovesse davvero perpetrare un così abominevole ricatto? Io, cosa avrei risposto al suo posto? L'avrei alzato il coltello contro mio figlio? E poi, molto più indegnamente mi chiedo: può sussistere un odio così radicale da far pervenire, anche il peggiore degli uomini, a sfiorare una malsana idea infanticida? E il *Signore*, *Dio* dell'Universo, quel *Signor*e che mi hanno insegnato a conoscere, ad amare e a pregare e fin dai miei primi balbettii, poteva mai essere questo acerrimo rivale di quell'uomo che lo aveva sempre servito, onorato e pregato? Non poteva leggere nel libro aperto del suo cuore per sapere quanto fosse immenso e sincero il suo amore? Il nostro grande P*adre*, *Creatore* del cielo e della terra, poteva, in quei tempi, soffrire di così evidente insicurezza emotiva? Poteva soffrire, il nostro *Dio* d'amore, di un'illogica e irriguardosa prosopopea facente parte di un ingarbugliato delirio d'onnipotenza, stato d'animo che si addice solo a noi, comuni mortali? È lecito pensare che *Egli*, per delle giustissime ragioni, fosse adirato con l'intera umanità, indegna della sua attenzione affettiva? Io credo proprio di no, altrimenti, visto e considerato che dal punto di vista umano e morale non ci siamo migliorati di molto, malgrado i secoli trascorsi, *Egli* ci avrebbe già annientato con un semplice sbadiglio di stanchezza. E allora, da quale mente poteva mai essere architettata una simile trama? Quale significato possiamo attribuire a questa narrazione? E la metafora che ne scaturisce, che valore aggiunge a quei valori etici e morali espressi dalla cristianità e dalle altre confessioni religiose?

Sinceramente, non riesco a comprendere quale lezione si prefiggesse d'impartire l'estensore di questo barbaro e crudele episodio, assolutamente incoerente e contrastante con l'atteggiamento di un qualsiasi padre, un normalissimo padre terrestre che fa di tutto per offrire ai propri figli, pane, amore e libertà. Perché, dunque, coinvolgere il nome del buon *Dio*, di *Colui* che aveva concesso ad *Abramo* la grazia di diventare padre? Per avere una prova della sua buona fede non gli sarebbe bastato chiedergli di pregarlo più spesso e con più fervore? Di digiunare più spesso? Di fare proselitismo con più convinzione?

Il nostro grande *Padre*, *Colui* che ha donato la vita a tutti gli esseri che vivono su questo pianeta, richiede, al vecchio *Abramo*, la vita del suo unico figlio, il figlio cresciuto, nutrito, amato come si può amare un figlio desiderato. L'unico suo erede! L'unico discendente che lo avrebbe potuto sostituire alla guida della sua tribù. Il solo che avrebbe potuto dare un seguito alla sua stirpe.

La richiesta di avere offerto in sacrificio la vita di *Isacco*, di per sé assurda e crudele, sottintende un'altra richiesta più agghiacciante e terribile. *Abramo*, avrebbe dovuto uccidere il figlio con le sue stesse mani. Con quelle mani di padre che lo avevano imboccato e accarezzato. *Abramo*, tutto tenda, gregge e preghiere, doveva servire, al grande e onnipotente *Jahvé*, la giovane vita di *Isacco* in un vassoio d'argento e, magari, con tanti ringraziamenti per il privilegio ricevuto nell'avere prescelto suo figlio, quale vittima sacrificale, e lui, quale unico esecutore materiale del sacrificio richiesto. Possibile che il nostro buon *Dio* desiderasse riprendersi la vita di quel ragazzo attraverso il coltello del padre?

Ma ecco approssimarsi il colpo di scena! Quando *Jahvè*, affacciato alla finestra del suo cielo, ebbe chiara la sensazione che *Abramo* stesse per colpire veramente il figlio *Isacco*, spedisce sulla terra un suo legale rappresentante, il capo dei suo angeli, il più bello, il più convincente e diplomatico, per dire allo sfortunato padre di fermare la sua mano omicida. L'angelo, all'ultimo secondo, con un volo che avrà superato la velocità della luce, si presenta ad *Abramo* e gli comanda di sospendere la barbara esecuzione.

- Fermati, *Abramo*!... Ferma la tua mano!...

Grande colpo di scena, grande momento di alta drammaturgia davvero divina! I nostri più celebri autori, da *Eschilo* a *Sofocle*, da *Euripide* a *Shakespeare e Pirandello,* sicuramente non sono mai pervenuti, nelle loro tragedie, a creare tale momento di così alta tensione emotiva.

Isacco, tremante e incredulo, aveva ottenuto clemenza. Era scampato ad uno dei più assurdi crimini perpetrati da un padre, ma elaborati dal delirio di una mente sovrumana, paranoica e incomprensibile. *Abramo*, con quel gesto assassino, davvero convincente, aveva dimostrato al *Signore* degli eserciti, al *Signore* dell'Universo, al misericordioso *Padre* celeste, la sua profonda fede e la sua assoluta sottomissione e, soprattutto, la sua illimitata e cieca obbedienza. Ma è questa l'obbedienza? È giusto che quando si eseguono ordini superiori la coscienza individuale debba essere posta in un cantuccio della nostra ragione e messa a tacere? È giusto che per obbedire ad un ordine bisogna sapere accantonare i nostri principi, le nostre emozioni, i nostri valori e dare corso all'azione che moralmente non condividiamo? È giusto deporre le nostre emozioni nell'immondezzaio della nostra individuale coscienza, dove accatastiamo il nostro disgusto, i nostri sensi di colpa, le nostre omissioni? È questa l'obbedienza?

Se riteniamo giusto abdicare moralmente per dare seguito a qualsiasi tipo di ordine ci pervenga da un nostro qualsiasi superiore, allora dobbiamo anche ammettere che *Abramo*, in fondo, stesse eseguendo degli ordini, senza discuterli e senza ribellarsi, proprio come farebbe un qualsiasi dipendente o un qualsiasi soldato che, per ordine ricevuto, sganciasse l'atomica sopra la sua casa pur sapendo che all'interno ci sono i suoi figli.

Ma è questa l'obbedienza?...

Io, come padre e come uomo, non posso che rinnegare qualsiasi discutibile forma di totale asservimento ad una logica di morte che non abbia, almeno, alcune fondamentali caratteristiche quali, la difesa. Con tutte le varianti possibili e immaginabili. Sono convinto che molti padri, nemmeno se dovessimo vedere un plotone di angeli e un esercito di arcangeli, riusciremmo a sottostare ad una richiesta che umilia il nostro essere uomini e non tenga in considerazione la nostra dignità, i nostri affetti e la nostra coscienza. E, piuttosto di uccidere un innocente, figlio o non figlio, per prima cosa rivolgeremmo la nostra lama verso gli ambasciatori alati e poi, se ancora lucidi, la rivolgeremmo verso noi stessi. Altro che uccidere un figlio per uno strano capriccio di un essere divino creduto essere superiore, privo di quegli attributi morali e sentimentali richiesti anche ad un *Dio,* ad un *Dio-Padre* in grado di governare l'universo con amore e di compatire questi suoi fragili figli che tanto desiderano emulare la *Sua* onnipotenza.

Un padre non mette sotto scacco un figlio solo per conoscere il suo punto di massima fedeltà e sopportazione, il punto critico di rottura! Un padre non sottopone ad una ignobile prova una sua creatura, come se la vita, di ostacoli, non ne ponesse già abbastanza. Un padre conosce i limiti del figlio e, anche nel caso di sollecitazione a superarli, pone dei limiti alle sue stesse richieste adeguandosi alle potenzialità presupposte del figlio.

Figuriamoci se *Dio* ignori che il nostro maggiore handicap sia la vita stessa, questa vita che richiede, ad ogni essere della terra, tante capacità e tanto amore per superare le quotidiane e innumerevoli prove di sopravvivenza.

Mi perdoni chi riesce a dare a questo episodio una sua diversa religiosità o soltanto un'umana comprensione. Mi è difficile credere che il *Nostro Grande Creatore*, *Colui* che ci ha dato la vita, ci ha fatto osservare il suo creato, ci ha fatto conoscere i colori e fatto gustare gl'infiniti sapori messi a nostra disposizione in questo *paradiso terrestre*, possa diventare il signore della vendetta. Mi è difficile comprendere che *Colui* che ci ha creati per amore e ci mantiene in vita con amore, possa tramutarsi nel signore del male, nel despota che ha bisogno di metterci alla prova per comprendere le cause delle nostre stupide follie, il profondo vuoto esistenziale che spesso mette in trappola i suoi figli più deboli. Possibile, che un *Dio*, abbia bisogno di riscontri oggettivi per comprendere il nostro fragile, discontinuo e incondizionato amore? Possibile che il nostro onniveggente *Padre* sia incapace di leggere nei nostri cuori, di stabilire le origini della nostra umana strafottenza? Non posso crederlo, altrimenti, non avrei motivo di pormi delle domande alle quali cerco di dare anche delle timide e sincere risposte. Ogni volta il tutto mi riconduce alla sua paterna esistenza. Tra queste domande ce ne sono davvero delle semplicissime. Perché il *Signore* ci ha posto in questo mondo, tra le sue stelle? Perché ha inserito in noi, tra gli ingranaggi del nostro meccanismo vitale, una irrequieta voglia di sopravvivenza? Perché ci permette di esistere, di pensare, di provare la indescrivibile gioia di diventare genitori? E la risposta è sempre una: perché *Dio* ci ama!

Io, forse perché sono anche padre, un tantino più vicino a certi parametri di ansia e di affetto riferiti al rapporto che intercorre tra padri e figli, non ho provato grande difficoltà nell'immedesimarmi con l'angoscia che ha coinvolto i protagonisti di questa drammatica narrazione, né ho provato difficoltà nel comprendere, parzialmente, il loro stato d'animo emotivo. Non mi è stato difficile compenetrarmi nella drammaticità della vicenda tramandataci da un anonimo scrivano, discendente, anche lui, del più grande *Regista* dell'*Universo* che, in quanto tale, non ha certo bisogno di prove sanguinarie per conoscere il nostro grado di affezione o per giudicare il nostro disamore. È più facile pensare che questa vicenda, più o meno vera, più o meno spietata, sia stata scritta ad uso e consumo di uomini e popoli schiavi del pregiudizio, asserviti ad una logica di fede intransigente e affamati dalla logica del potere, *(spirituale, temporale e materiale)*. Uomini sottomessi al rigoroso rispetto di una religiosità imperniata sul come trattenere gli adepti e i suoi "schiavi" entro binari ortodossi invalicabili, stabiliti e issati non dalla volontà dell'uomo, l'uomo di "potere", ma da una *Entità* trascendentale alla quale potere addossare gli eventuali fallimenti e le decisioni più drammatiche e nefaste, "suggerite" e ordite da chi risiede oltre la ragione e non da chi manipola le coscienze degli individui.

Dio, quindi, come volontà suprema per coprire i fatti e i misfatti di chi amministra le "tavole delle leggi" e, quindi, il *potere*. *Dio*, come unico ente supremo, volitivo, per giustificare gli errori e i soprusi di chi decide ed impera nel suo nome. *Dio*, come unico maestro per non ascoltare la voce del vicino, la voce della disobbedienza, la voce della propria coscienza, la voce dell'evoluzione. *Dio*, come unico responsabile della nostra esistenza. *Dio,* per attribuire al soprannaturale i fallimenti del *potere*, le decisioni del *potere*, le sconfitte del *potere,* dello stesso regime autocratico che ne amministra la suprema volontà e l'indiscutibile parola di origine divina. L'uomo, mascherato da religioso, che amministra i dogmi e le regole, quale tramite per congiungere il cielo alla terra, la relatività al divino, l'intuizione alla sapienza, la fede alla scienza.

Nel terminare questo breve commento, desidero solo aggiungere che questa "preghiera" nasce perché la vicenda *Abramo* mi ha sempre emozionato. A parte il narrato, che ha in sé una carica di drammaticità non comune, mi ha coinvolto, emotivamente, il pensare al probabile stato d'animo dei protagonisti, dopo la conclusione della crudele vicenda e dopo essere tornati nella loro casa.

Provate ad immaginare *Isacco,* fra le braccia della madre *Sara*, mentre osserva il padre, dedito ai soliti impegni di capo tribù. *Isacco* mentre pensa al momento in cui, lo stesso uomo, lo ha stretto fra le gambe e, con in pugno il coltello, ha alzato il braccio per colpirlo, per ucciderlo. Come avrebbe potuto, quello stesso ragazzo, trovare più la forza per abbracciarlo? E immaginate *Abramo*, mentre osserva il figlio e tenta di trovare delle parole adeguate per spiegargli il perché della sua incredibile azione! Non è difficile immaginare il suo travaglio, il tormento dell'uomo-padre che non aveva compreso appieno la motivazione di quell'atroce prova! E il giovane *Isacco*, avrebbe mai dimenticato quel drammatico momento? Avrebbe più trovato il coraggio di avvicinarsi al padre, di baciarlo, di confidargli le sue emozioni e i suoi primi problemi di adolescente?

Il terrore e lo sgomento saranno rimasti per lungo tempo stagnanti nei loro cuori e nella loro memoria, com'è rimasta, per una eternità, quella scintilla di sole sulla lama del coltello alzato: un riflesso di *Dio* sugli occhi di *Abramo*, pieni di lacrime!

ABRAMO

Servo del cielo

Dal vangelo secondo il poeta

Preghiera in siciliano

I

"Dumani
figghiu
ti portu pi lu munnu

Vinni lu tempu
di vattiari la vita a la sorgenti
la stissa ca duna ciatu a la spiranza
e vuci a lu silenziu
e sangu a lu gran ciumi c'abbivira
la nostra sorti e la nostra fidi...
la fidi di cu' nun mori mai

Dumani
ti vogghiu fari sentiri lu ventu
mentri 'ncueta li negghi assammarati
e sradica la vuci di li trona

Ti vogghiu fari vìdiri lu celu
quannu grapi li porti a li cchiù santi
e chiudi lu so' cori a li dannati

Dumani
figghiu
ti dugnu li me' chiavi

E si lu tempu s'intrizza a li prijeri
e di 'na macchia vola 'na palumma
ju ti fazzu parrari cu li petri
cu l'erva
e puru cu li stiddi

Ti fazzu parrari
cu l'ancili ca discurrunu cu Diu
guvernanu lu lustru di la luna
e nun fannu astutari
la bracia di lu suli
né la cchiù nica faidda di lu celu

Dumani
figghiu
addiventi lu me' re."

II

E la notti
a ddu carusu
ci passò sunnannu la muntagna
lu celu
e lu so' paraddisu
pusatu nta li negghi

A so' patri
dda notti
ci parsi di sentiri la terra
comu 'na cutra supra li so' ossa
ci parsi comu si li gridda
li cani
e ogni vuci ammucciata nta lu scuru
fussi la vuci di la so' agunia
la sintenza di la so' cunnanna

Nta li milli scrusci di la morti
si 'ntisi chiantari nta lu cori
'na spina di zabbara

Ma forsi era un sonnu maliditto
ca strantuliava
lu so' destinu-giuda
un sonnu sprucchiatu da lu 'nfernu
pi 'ntussicari lu sangu e la so' fidi
la stessa fidi
ca pi seculi e seculi

aveva tinutu viva la spiranza
di tutta la so' genti marturiata

Dda notti si 'ntisi comu 'n-cani
c'aveva muzzicatu li so' figghi
'na bestia 'ncatinata a la minzogna
cchiù granni di lu celu

E mentri circava di capiri
la vera raggiuni di dda prova
la so' vuci di patri
traseva ntra li 'ngagghi di lu cori
sgrifava lu silenziu di li petri
'ntussicava lu ventu di pietà

Nta ddi mumenti
mentri l'arma si sfardava
comu pezza purrita
nasceva la prijera
di lu munnu ca chianci
la prijera d'un patri ca mureva
pi nun fari un tortu a lu Patruni
a lu Signuri ca ci cumannava
di daricci la vita di so' figghiu...
di l'unicu so' figghiu.

III

"Pirchì me' figghiu?...

Signuri
grapimi li vini
e pigghiati l'ultimu respiru
l'ultima guccia di la me' svintura

Arricampa stu vecchiu
ca duna sulu 'mpacciu
e lassa lu me' suli supra l'erva

Pirchì me' figghiu?...

Lassalu svulazzari nta la timpa
dunni aspetta di vidiri lu ventu
un griddu ca parra
e l'ancili ca sonanu li trummi

Lassalu - Signuri -
nta lu nidu di la matri
nta ddu pettu dunni si cci appuzza
com'agneddu attaccatu a li capicchi

Lassa - Patri -
ca stu me' suli crisci ancora
taliannu li furmichi
li rinnini ca volanu priati
e ogni cosa ca spunta di la terra

Ju
ca lu putissi vestiri di re
e daricci la boria d'un liuni
ju
ci fazzu smunciri li petri
pi 'nzignaricci a capiri la to' vuci
la vita quant'è dura
e quant'è duci lu pani ca nni duni

Fa' ca la morti
'ntanata nta sta peddi
stanotti veni a métiri sta ummira
e ti la posa dunni Tu camini

Ascuta
la prijera di stu vecchiu
la vuci smanciata di stu patri
stancu di pirciari lu to' celu
cu li paroli d'un granni piccaturi

Tu
ca cumanni lu ventu e l'acquazzina
li ciuri e la simenza
la vita
la morti e ogni filu d'erva
senti
comu si rancura stu me' cori
comu s'aggranfa a la chiarìa
di la sorgenti ca si chiama fidi
e addumanna la to' binidizioni

Tu
...facisti lustru a la me' strata
Patri di li me' occhi

...facisti di zuccaru la vita
Patri di li me' spini

...facisti troppu granni la me' sorti
Patri di la me' storia

E ora ju cercu la me' morti
pi jisari la testa e vìdiri la luci...
la to' luci - Patri -

Projimi la scala
pi jiunciri 'n-fina a li to' pedi
dintra la casa di la primavera

Fammi trasiri dintra li to' occhi...

dunni la luna crisci e s'arriposa
dunni li stiddi figghianu cometi
dunni lu suli cogghi gelsomini
e discurri cu tia di li staciuni

Tu
Patri di cu' ti chiama Patri

Patri
di cu' nun jisa mai li occhi 'n-celu

Patri di l'afflitti
Patri di li patruna
Patri di cu' porta li catini
Patri di lu munnu
Patri di cu' si persi pi la strata
Patri...

Fa' ca la me' ura scinni a picu
nta stu pettu di vecchiu
e lu trapassa cu la to' dignità
mentri ntô cori cala lu sirenu
e nta l'occhi si posa la to' manu

Pirchì me' figghiu?..."

IV

Vinni lu jornu
e nta lu celu furriavanu li corvi

La muntagna addivintava granni
sempri cchiù granni

Ddu carusu cantava
assitatu di vita e di pirchì

- *Dunni mi porti patri?*
- *Ti portu a la sorgenti*

- *Pirchì mi vasi patri?*
- *Pirchì ti vogghiu beni*

- *Pirchì m'ammazzi patri?...*

E so' patri nun dissi 'na parola

Chi ci puteva diri a ddu carusu?

Quali raggiunamenti
putevanu 'ncucchiari li paroli
si mancu nta 'na catasta di paroli
s'avissi attruvatu mai
una sula
maliditta parola
pi diri ca la morti avia raggiuni?

Mancu lu diavulu malignu
avissi attruvatu ntra li so' piccati
una sula curpa
ca si purtava appressu la so' arma

Nun c'era curpa
pi ssa granni curpa

Abramo
marturiava la so' menti
p'attruvari ntra li so' pinseri
lu pirchì di dda cunnanna
e ogni strata
ogni trazzera
ogni puzzu d'acqua
parrava di lu so' cori
comu funtana dunni cu' passa vivi

- *Pirchì m'ammazzi patri?...*

E l'ultima cicala si zittiu

Lu suli 'ntantarutu
s'appuiò supra 'na fogghia
li negghi 'mbriachi
s'aggrupparu cu lu ventu
'na serpi scantata
si 'ntanau ntra la frasca

Nta la timpa cumparsi 'na signura

Puru li muschi avevanu caputu
ca stava succidennu qualchi cosa

Un ecu di muntagna
ripiteva scantatu tri paroli

- Pirchì m'ammazzi patri?...
- Pirchì m'ammazzi patri?...
- Pirchì m'ammazzi patri?...

Dda vuci figghiata da la terra
acchianava ritta ntra li negghi...
cuteddu jisatu nta lu celu
prima d'infilarisi ntô cori

- Pirchì me' figghiu Patri?...

E mentri la morti
pareva cchiù siddiata di la vita
lu celu spalancàu la so' coscenza

- Fermati!

gridau 'n-ancilu
a ddu vecchiu cu lu vrazzu jisatu

- Fermati!

E ddu patri nun critti a lu so' cori
nun critti a li so' occhi
nun critti ca spissu la spiranza
si po chiamari Diu

Chianceva
strincennu ntra li gammi 'n-agnidduzzu...
ddu figghiu
ca vuleva canusciri lu munnu
e tuccari lu ventu
e parrari a lu suli
a li stiddi caduti
a li rami tagghiati
a li crapi pirduti

Chianceva
tinennu ntra li vrazza 'n-acidduzzu...
ddu figghiu
ca vuleva canusciri la vita
e taliari lu mari
e vasari la luna
e 'ncuntrari li negghi
e ascutari li vuci di lu celu.

V

- "Ferma la to' manu
e lassa ca stu 'nnoccenti
puru stasira torna a la so' casa,
  ntra li vrazza di la matri ca l'aspetta!

E ricordati...
lu celu nun permetti mancu a tia
            d'astutari la luci a 'na furmica!

Granni è la to' fidi
e troppu granni la prova ca tu dasti!

Ma la vera prova è dintra lu to' cori."

* * *

E pi la prima vota nta la storia
si cunta ca la morti arrussicò
                vidennusi abbrazzari di la vita

Si cunta ca cumparsi nta lu celu
              lu ponti dunni passa la spiranza
     e si vittiru cosi
     ca mancu li occhi sannu cchiù cuntari

Lu suli va dicennu ca la luna
si detti 'na pittata
prima di fari lustru
                    nta ddu gran tiatru di la vita

e cunta ca lu munnu si firmò
mentri vita e morti
fidi e fuddia
stavanu jucannu
la cchiù granni partita cu la storia.

VI

E ddu vecchiu
jornu doppu jornu
prujeva lu so'cori marturiatu
a cu' ci detti l'arma natra vota

Nun la fineva cchiù di ringraziari
cu' ci misi arreri ntra li vrazza
la ducizza d'un figghiu

un figghi arrubbatu
un figghiu attruvatu
un figghiu pirdutu
pirdutu pi sempri

Li so' pinseri di patri
addivintaru di petra
un muru di petra
tra la vita e lu munnu
tra la fidi e lu figghiu
tra giustizia e cunnanna

E lu vecchiu chianceva

A la terra e a tutti li furmichi
prujeva la so' acqua e lu so' pani
li so' pinseri 'mpidugghiati
e ddi quattru paroli c'arristaru
nta la so' visazza svacantata

Né cori e né fidi
ci dettiru la forza di capiri
di truvari un motivu
pi nun chianciri cchiù

E pi tutta la vita - a dd'agnidduzzu -
nun si lu tinni cchiù nta li so' vrazza
né lu taliò cchiù 'nfunnu a li occhi
comu lu taliava
quannu satariava 'mmenzu a l'erva...
picciriddu c'assicutava li farfalli
pi 'nzaiarisi li ali e poi vulari

E nun ci dissi mai ca la so' fidi
era peggiu d'un sonnu turmintatu...

...'na timpesta di grannuli e di rina...

un ciumi ca s'aveva trascinatu
tutti li prijeri
tutti li carizzi
tutti li risposti
un ciumi di paroli
sarvati nta 'na cascia
dunnu l'oru nun valeva nenti

Nun ci lu potti diri
ca propriu nta dda cascia
c'era la doti di lu so' destinu
la simenza di la virità

A so' figghiu nun ci lu seppi diri
ca dintra lu so' pettu
c'era 'na scala ca parti di lu cori
e arriva dunni cumincianu li stiddi

Nun ci parrò cchiù di la so' storia
di la so' terra
di la so' genti
di li so' pinseri di patriarca

Nun ci parrò cchiù

E ddu carusu
jornu doppu jornu
aspittò ca la morti
strantuliassi la vita
e la vita - ruffiana -
c'inzignassi a scurdari
li carizzi d'un lupu

Aspittò ca so' patri
spalancassi lu celu cu li jita
e cchiù 'ncazzatu
di 'na jumenta sarvaggia
chiamassi lu patruni di li stiddi
pi faricci sentiri la vuci di so' matri

so' matri mentri prejia
so' matri mentri chianci
so' matri mentri mori.

VII

'Pirdunami - Signuri -
si cercu di capiri...
si scavu lu pettu pi circari
quali curpa scutta lu me' cori
quali vinnitta rusica li carni
quali piccati 'nfittaru li pinseri

Pirchì nun vulisti la me' vita
si meritu la sorti d'un latruni
di n'assassinu
di 'n-omu svinturatu senza Diu?

Pirduna si cercu di capiri
comu si ponnu chiudiri pi sempri
li occhi a 'na palumma...
si tentu d'accittari
ca la morti si tinci di fuddia
pi cummigghiari 'na farsa o la raggiuni

La vita nun è munita fausa
'na cosa ca si usa e poi si jetta

La vita ca nni dasti
è vampa ca fa lustru 'n-fina 'n-celu
lu beni cchiù priziusu ca si possedi

E li figghi nta sta nostra terra
nun si scàncianu mancu cu li stiddi

Pirduna si nun haiu mancu caputo
comu si po astutari 'na faidda
ca svampa e fa lustru nta lu cori...
si haiu ntra li me' spinni
la spiranza di vidiri sta terra
cu li so' occhi di rinnina ca vola
e cu li so' ali di ancilu-carusu
vulissi svulazzari nta li strati
dunni Tu fa lustru
dunni caminu tinennu la to' manu

Ora
ca la malidizioni è nta lu sangu
e nta li pusa sentu la me' curpa
comu pozzu calari cchiù li occhi
e circàriti - Patri -
dunni vivinu li pecuri
dunni crisci la to' erva
dunni dorminu li vecchi
e li picciotti si 'n-sonnanu la vita?

Ora
ca sbacantaiu l'arma
di tutti li simenzi
e li paroli
su' varchi senza mari
comu pozzu - Patri -
jisari cchiù la testa
mentri ti proju
'na spica e lu me' cori?

Tu
armasti la me' manu
pi capiri quant'è granni la me' fidi

Pirchì pretinnisti
stu me' granni duluri?

Pirchì - Patri -
'nfilasti ntô me' sangu stu misteriu
lu misteriu 'nfinitu di la to' grannizza?

Nun lu vidi ca sugnu 'na furmica?"

E lu celu - siddiatu -
si cummigghiò la faccia cu li negghi

Un ancilu si vitti ntra li casi...
chianceva...

Nta la munnizza
c'eranu du' ali.

Traduzione
di
Francesca Mazzola

ABRAMO
Servo del cielo

Dal vangelo secondo il poeta

Traduzione di Francesca Mazzola

I

'Domani
figlio
ti porto per il mondo

È venuto il tempo
di battezzare la vita alla sorgente
la stessa che dà fiato alla speranza
e voce al silenzio
e sangue al grande fiume che irriga
il nostro destino e la nostra fede...
la fede di chi non muore mai

Domani
ti voglio far sentire il vento
mentre inquieta le nuvole cariche di acqua
e sradica la voce dei tuoni

Ti voglio far vedere il cielo
quando apre le porte ai più santi
e chiude il suo cuore ai dannati

Domani
figlio
ti do le mie chiavi

E se il tempo s'intreccia alle preghiere
e da una siepe vola una colomba
io ti faccio parlare con le pietre
con l'erba
e anche con le stelle

Ti faccio parlare
con gli angeli che discutono con Dio
governano lo splendore della luna
e non fanno spegnere
la brace del sole
né la più piccola scintilla del cielo

Domani
figlio
diventi il mio re."

II

E la notte
a quel ragazzo
gli passò sognando la montagna
il cielo
e il suo paradiso
posato sulle nuvole

A suo padre
quella notte
gli sembrò di sentire la terra
come coperta sopra le sue ossa
gli sembrò come se i grilli
i cani
e ogni voce nascosta nel buio
fosse la voce della sua agonia
la sentenza della sua condanna

Tra i mille rumori della morte
si sentì conficcare nel cuore
una spina di agave

Ma forse era un sogno maledetto
che scuoteva
il suo destino-giuda
un sogno partorito dall'inferno
per avvelenare il sangue e la sua fede
la stessa fede
che per secoli e secoli

aveva tenuto viva la speranza
di tutta la sua gente martoriata

Quella notte si sentì come un cane
che aveva morso i propri figli
una bestia incatenata alla menzogna
più grande del cielo

E mentre cercava di capire
la vera ragione di quella prova
la sua voce di padre
entrava tra le fessure del cuore
graffiava il silenzio delle pietre
intossicava il vento di pietà

In quei momenti
mentre l'anima si strappava
come una vecchia pezza
nasceva la preghiera
del mondo che piange
la preghiera di un padre che moriva
per non fare un torto al suo Padrone
al Signore che gli comandava
di dargli la vita di suo figlio...
dell'unico suo figlio.

III

'Perché mio figlio?...

Signore
aprimi le vene
e prenditi l'ultimo respiro
l'ultima goccia della mia sventura

Prenditi questo vecchio
che dà solo fastidio
e lascia il mio sole sopra l'erba

Perché mio figlio?...

Lascialo svolazzare sulla collina
dove aspetta di vedere il vento
un grillo che parla
e gli angeli che suonano le trombe

Lascialo - Signore-
nel nido della madre
in quel petto dove lui si aggrappa
come agnello attaccato ai capezzoli

Lascia - Padre-
che questo mio sole
cresca ancora guardando le formiche
le rondini che volano contente
e ogni cosa che spunta dalla terra

Io
che potrei vestirlo come un re
e dargli la boria di un leone
io
gli faccio spremere le pietre
per insegnargli a capire la tua voce
la vita quant'è dura
e quant'è dolce il pane che ci dai

Fa che la morte
nascosta in questa pelle
stanotte venga a mietere quest'ombra
e la deponga dove Tu cammini

Ascolta
la preghiera di questo vecchio
la voce dolorante di questo padre
stanco di trafiggere il tuo cielo
con le parole d'un grande peccatore

Tu
che comandi il vento e la rugiada
i fiori e i semi
la vita
la morte e ogni filo d'erba
senti
come si lamenta questo mio cuore
come si aggrappa al chiarore
della sorgente che si chiama fede
e domanda la tua benedizione

Tu
...hai illuminato la mia strada
Padre dei miei occhi

...hai fatto di zucchero la vita
Padre delle mie spine

...hai fatto troppo grande il mio destino
Padre della mia storia

E ora io cerco la mia morte
per alzare la testa e vedere la luce...
la tua luce - Padre-

Porgimi la scala
per arrivare fino ai tuoi piedi
dentro la casa della primavera

Fammi entrare nei tuoi occhi...

dove la luna cresce e si riposa
dove le stelle partoriscono comete
dove il sole raccoglie gelsomini
e discute con te delle stagioni

Tu
Padre di chi ti chiama Padre

Padre
di chi non alza mai gli occhi al cielo

Padre degli afflitti
Padre dei padroni
Padre di chi porta le catene
Padre del mondo
Padre di chi si è perso per strada
Padre…

Fa che la mia ora scenda improvvisa
in questo petto di vecchio
e lo trapassi con la tua dignità
mentre nel cuore scende il sereno
e negli occhi si posa la tua mano

Perché mio figlio?..."

IV

Venne il giorno
e nel cielo giravano i corvi

La montagna diventava grande
sempre più grande

Quel ragazzo cantava
assetato di vita e di perché

- *Dove mi porti padre?*
- *Ti porto alla sorgente*

- *Perché mi baci padre?*
- *Perché ti voglio bene*

- *Perché mi uccidi padre?...*

E suo padre non disse una parola

Cosa poteva dire a quel ragazzo?

Quali ragionamenti
potevano elaborare le parole
se nemmeno in una catasta di parole
si sarebbe trovata mai
una sola
maledetta parola
per dire che la morte aveva ragione?

Nemmeno il diavolo maligno
avrebbe trovato tra i suoi peccati
una sola colpa
        che si portava dentro la sua anima

Non c'era colpa
per quella grande colpa

Abramo
martoriava la sua mente
per trovare tra i suoi pensieri
        il perché di quella condanna
    e ogni strada
    ogni viottolo
    ogni pozzo d'acqua
    parlavano del suo cuore
    come fontana dove chi passa beve

- *Perché mi uccidi padre?...*

E l'ultima cicala si zittì

Il sole stordito
        si poggiò sopra una foglia
le nuvole ubriache
        si annodarono col vento
un serpente spaventato
        si nascose in mezzo all'erba

Sulla collina comparve una signora

Anche le mosche avevano capito
che stava succedendo qualcosa

Un'eco di montagna
ripeteva spaventata tre parole

- Perché mi uccidi padre?...
- Perché mi uccidi padre?...
- Perché mi uccidi padre?...

Quella voce partorita dalla terra
saliva diritta tra le nuvole...
coltello alzato nel cielo
prima d'infilarsi nel cuore

- Perché mio figlio Padre?...

E mentre la morte
sembrava più triste della vita
il cielo spalancò la sua coscienza

- Fermati!

gridò un angelo
a quel vecchio con il braccio alzato

- Fermati!

E quel padre non credette al suo cuore
non credette ai suoi occhi
non credette che spesso la speranza
si può chiamare Dio

Piangeva
stringendo tra le gambe un agnellino…
quel figlio
che voleva conoscere il mondo
e toccare il vento
e parlare al sole
alle stelle cadenti
ai rami tagliati
alle capre perdute

Piangeva
tenendo tra le braccia un uccellino...
quel figlio
che voleva conoscere la vita
e guardare il mare
e baciare la luna
e incontrare le nuvole
e ascoltare le voci del cielo.

V

- "Ferma la tua mano
e lascia che quest'innocente
anche questa sera torni a casa sua
fra le braccia della madre che l'aspetta!

E ricordati...
il cielo non permette neanche a te
di spegnere la luce a una formica!

Grande è la tua fede
e troppo grande la prova che hai dato

Ma la vera prova è dentro il tuo cuore."

* * *

E per la prima volta nella storia
si racconta che la morte arrossì
vedendosi abbracciare dalla vita

Si racconta che comparve nel cielo
il ponte dove passa la speranza
e si videro eventi
che nemmeno gli occhi sanno raccontare

Il sole va dicendo che la luna
s'imbellettò il viso
prima di far luce
in quel grande teatro della vita

e racconta che il mondo si fermò
mentre vita e morte
fede e follia
        stavano giocando
        la più grande partita della storia.

VI

E quel vecchio
giorno dopo giorno
porgeva il suo cuore martoriato
a chi gli aveva dato un'altra volta l'anima

Non la smetteva più di ringraziare
chi gli aveva messo di nuovo fra le braccia
la dolcezza di un figlio

un figlio rubato
un figlio trovato
un figlio perduto
perduto per sempre

I suoi pensieri di padre
diventarono di pietra
un muro di pietra
tra la vita e il mondo
tra la fede e il figlio
tra giustizia e condanna

E il vecchio piangeva

Alla terra e a tutte le formiche
porgeva la sua acqua e il suo pane
i suoi pensieri ingarbugliati
e quelle quattro parole ch'erano rimaste
nella sua bisaccia svuotata

Né cuore e né fede
gli diedero la forza di capire
di trovare una sola ragione
per non piangere più

E per tutta la vita - quell'agnellino -
non se lo tenne più fra le sue braccia
né lo guardò più in fondo agli occhi
come lo guardava
quando saltellava in mezzo all'erba...
bambino che rincorreva le farfalle
per indossarne le ali e poi volare

E non gli disse mai che la sua fede
era peggio di un sogno tormentato...

...una tempesta di grandine e di sabbia...

un fiume che si era trascinato
tutte le preghiere
tutte le carezze
tutte le risposte
un fiume di parole
conservate in un baule
dove l'oro non valeva niente

Non gli poté dire
che proprio in quella cassa
c'era la dote del suo destino
il seme della verità

A suo figlio non seppe dire
che dentro il suo petto
c'era una scala che parte dal cuore
e arriva dove cominciano le stelle

Non gli parlò più della sua storia
della sua terra
della sua gente
dei suoi pensieri di patriarca

Non gli parlò più

E quel ragazzo
giorno dopo giorno
aspettò che la morte
scuotesse la vita
e la vita - ruffiana -
gl'insegnasse a dimenticare
le carezze d'un lupo

Aspettò che suo padre
spalancasse il cielo con le dita
e più imbizzarrito
di una giumenta selvaggia
chiamasse il padrone delle stelle
per fargli sentire la voce di sua madre

sua madre mentre prega
sua madre mentre piange
sua madre mentre muore.

VII

"Perdonami - Signore-
se cerco di capire...
se scavo il petto per cercare
quale colpa sconta il mio cuore
quale vendetta rode le mie carni
quali peccati infettarono i miei pensieri

Perché non hai voluto la mia vita
se merito il destino di un ladrone
di un assassino
di un uomo sventurato senza Dio?

Perdona se cerco di capire
come si possano chiudere per sempre
gli occhi a una colomba...
se tento di accettare
che la morte si tinga di follia
per nascondere una farsa o la ragione

La vita non è moneta falsa
una cosa che si usa e poi si getta

La vita che ci hai dato
è un falò che fa luce fino al cielo
il bene più prezioso che si possiede

E i figli in questa nostra terra
non si scambiano nemmeno con le stelle

Perdona se non ho capito
come si può spegnere una scintilla
che svampa e fa luce dentro il cuore...
se ho tra i desideri
la speranza di vedere questa terra
con i suoi occhi di rondine che vola
e con le sue ali di angelo-ragazzo
vorrei svolazzare nelle strade
dove Tu fai luce
dove cammino tenendo la tua mano

Ora
che la maledizione è dentro il sangue
e nei polsi sento la mia colpa
come posso abbassare più gli occhi
e cercarti - Padre -
dove bevono le pecore
dove cresce la tua erba
dove dormono i vecchi
e i giovani sognano la vita?

Ora
che ho svuotato l'anima
di tutte le sementi
e le parole
sono barche senza mare
come posso - Padre -
alzare più la testa
mentre ti porgo
una spiga e il mio cuore?

Tu
hai armato la mia mano
per capire quant'è grande la mia fede

Perché hai preteso
questo grande mio dolore?

Perché - Padre –
hai messo nel mio sangue questo mistero
il mistero infinito della tua grandezza?

Non lo vedi che sono una formica?"

E il cielo - triste-
si coprì la faccia con le nebbia

Un angelo si vide tra le case...
piangeva...

In mezzo all'immondizia
c'erano due ali.

SCHEDA STORICA
di
Antonio Borrelli

SCHEDA STORICA

Padre di tutti i credenti, così è chiamato *Abramo*, patriarca del *Vecchio Testamento,* rappresentò l'umanità nella grande alleanza che *Dio* propose. Con la vicenda di *Abramo*, inizia la storia dei Patriarchi d'Israele, che va dal XIX al XVII secolo a.C., raccontata dal capitolo 12 al capitolo 50 nel primo libro della Bibbia, la Genesi. Egli era discendente di *Sem*, uno dei tre figli di *Noé* e dimorava con il padre *Terah* e con tutta la famiglia ad *Ur dei Caldei*, antichissima città della *Bassa Mesopotamia* (attuale *Iraq*). *Terah* poi con *Abramo* e sua moglie *Sara* e con il nipote *Lot*, lasciò *Ur* per emigrare nella terra di *Canaan*, arrivarono fino ad *Harran (Carran)* stabilendosi lì per lungo tempo, fino alla morte di *Terah,* che visse 205 anni. Qui avvenne il fatto umanamente inspiegabile, *Dio* irrompe nella vita ordinaria di *Abramo* e gli parla chiamandolo ad una missione tanto grande quanto misteriosa: *"Vattene dal tuo paese, dalla tua patria e dalla casa di tuo padre, verso il paese che ti indicherò. Farò di te un grande popolo e ti benedirò, renderò grande il tuo nome e diventerai una benedizione. Benedirò coloro che ti benediranno e coloro che ti malediranno, maledirò e in te si diranno benedette tutte le famiglie della terra".*

Abramo risponde con la fede; sarà sempre considerato l'uomo della fede, il primo e il modello dei credenti e in quanto tale è padre di ogni credente, non soltanto della comunità ebraica, cristiana ed islamica, ma anche di tutti gli esseri umani, in cammino alla ricerca di Dio. A 75 anni prese con sé la moglie *Sara* e il nipote *Lot*, figlio del defunto fratello *Aran* e si sposta alla maniera dei nomadi, con tutto il bestiame ed i servitori, lungo la regione montuosa della *Palestina*, toccando e soggiornando in vari luoghi, a *Mamre* nei pressi di *Hebron, Canaan, Sichen, Bersabea nel Negheb,* per un breve tempo a causa di una carestia, anche in *Egitto*; stabilendosi definitivamente nella steppa meridionale del *Negheb*.

In seguito a contrasti sorti fra i suoi mandriani e quelli di *Lot* che pure aveva grosse mandrie e greggi, per il poco spazio disponibile, *Abramo* e *Lot* si divisero; *Lot* si diresse allora verso la rigogliosa valle del *Giordano*, piantando le tende vicino a *Sodoma*, *Abramo* rimase nella terra di *Canaan*.

In quel tempo vi fu una scorreria al di là del *Giordano* e a sud della *Palestina*, di una spedizione di re orientali provenienti dall'est di *Babilonia*, i quali combattendo e vincendo i piccoli re della *Pentapoli (Sodoma, Gomorra, Adma, Sebain, Soar)* presero bottino e cittadini prigionieri, compreso *Lot* con i suoi beni.

Abramo, avvertito di ciò, intervenne con i suoi uomini più esperti nelle armi e piombando di notte sugli invasori li sconfisse, liberò *Lot* e gli altri prigionieri, recuperando i beni, inseguendoli fino oltre *Damasco*. Del bottino fatto, *Abramo* offrì una decima a *Melchisedech*, sacerdote dell'Altissimo e re di *Shalem*, che gli era venuto incontro benedicendolo e *Dio* gli confermò la promessa di dare il paese di *Canaan* ai suoi discendenti.

Intanto la moglie *Sara* essendo sterile e vecchia, per dargli un figlio, cedette al marito la schiava *Agar* da cui nacque *Ismaele*; *Dio* rinnovò il patto con *Abramo* che aveva 99 anni, promettendogli grandi ricompense, allora lui disse: *"Cosa mi darai? Vedi che a me non hai dato discendenza e che un mio domestico sarà mio erede."*

E Dio a lui *"non costui sarà il tuo erede, ma colui che sarà generato da te sarà il tuo erede, guarda in cielo e conta le stelle, tale sarà la tua discendenza."*

Dio, mediante un sacrificio di animali, come era uso fra gli *Ebrei*, suggellò la sua Alleanza sancita con la circoncisione di *Abramo*, di *Ismaele* e di tutti i maschi del gruppo, da perpetuarsi con ogni bimbo nato in seguito.

In seguito, *Dio* apparve ancora ad *Abramo* alla *Quercia di Mamre* sotto le sembianze di tre uomini, ai quali lui offrì cibo, bevande e ospitalità; i tre gli predissero che *Sara* avrebbe avuto un figlio da lì ad un anno, benché molto vecchia, poi dissero di essere diretti a distruggere le città di *Sodoma* e *Gomorra* per i peccati dei loro abitanti. *Abramo* intercesse più volte per loro, affinché venissero risparmiati in virtù dei buoni presenti fra essi; gli angeli, perché di angeli si trattava, concessero che anche per solo dieci giusti, essi avrebbero risparmiato le città. Ma non si trovarono, il solo *Lot* e sua moglie furono risparmiati; le città sotto una pioggia di fuoco e zolfo, bruciarono con tutti gli abitanti, mentre *Lot* e la moglie fuggivano, questa ultima benché avvertita di non farlo, si voltò a guardare l'incendio e si tramutò in una statua di sale.

Più tardi nacque *Isacco* e *Sara* fece allontanare la schiava *Agar* con il figlio *Ismaele*, con grande dolore del patriarca, al quale però il *Signore* promise anche per *Ismaele* una grande discendenza. A questo punto si arriva al momento più drammatico della vita di *Abramo*, ma anche più rivelatore della sua grande fiducia in *Dio*; il *Signore* volle metterlo ancora alla prova, lo chiamò quando *Isacco* era già fanciullo e gli disse di portarlo sul monte nel territorio di *Moria* e di sacrificarlo, come si usava per i sacrifici di animali offerti a *Dio*. Nonostante il dolore provato per questa richiesta di sacrificare quell'unico figlio, nato così prodigiosamente nella tarda vecchiaia e che secondo le promesse di *Dio*, avrebbe assicurato la sua discendenza, *Abramo* obbedì, ma quando stava per portare a compimento con il coltello l'uccisione del figlioletto, un angelo apparso lo fermò dicendo: "*Non stendere la mano contro il ragazzo e non fargli alcun male! Ora so che tu temi Dio e non mi hai rifiutato il tuo unico figliuolo*".

Alzando gli occhi *Abramo* vide un ariete impigliato con le corna fra i rami di un arbusto e presolo, insieme ad *Isacco*, lo sacrificarono sull'altare improvvisato prima. Dio, tramite l'angelo gli promise, per questa ubbidienza alla *Sua* volontà, anche quando tutto veniva rimesso in questione, ogni benedizione, la moltiplicazione della discendenza come la sabbia delle spiagge e le stelle nel cielo e saranno benedette tutte le *Nazioni* della terra.

Morta *Sara,* a 127 anni, *Abramo* mandò il servo *Eliezer* in *Mesopotamia* a cercare una moglie per il figlio *Isacco*, il quale ritornò con *Rebecca* della stessa famiglia di *Abramo*. Il patriarca poi sposò *Keturа*, dalla quale ebbe sei figli: *Zimran, Ioksan, Medan, Madian, Isbak e Suach.*

Morì a 175 anni nella terra di *Canaan*, lasciando erede universale *Isacco* e un appannaggio agli altri figli. Alla sua genealogia si riallacciano gli *Ebrei* attraverso *Isacco*, vissuto 180 anni e gli arabi attraverso *Ismaele*, che visse 137 anni; la sua importanza per gli *Ebrei* crebbe sempre più, venendo considerato il progenitore e l'uomo del primo patto con Dio; in tutta la tradizione che seguirà, il *Signore* è spesso chiamato il *"Dio di Abramo"*.

Il drammatico episodio del sacrificio di *Isacco*, in cui *Dio* manifesta di non gradire i sacrifici umani, è stato in ogni tempo raffigurato nelle opere dei più grandi artisti.

La *Chiesa Cattolica* ricorda *Abramo*, padre di tutti credenti, il 9 ottobre.

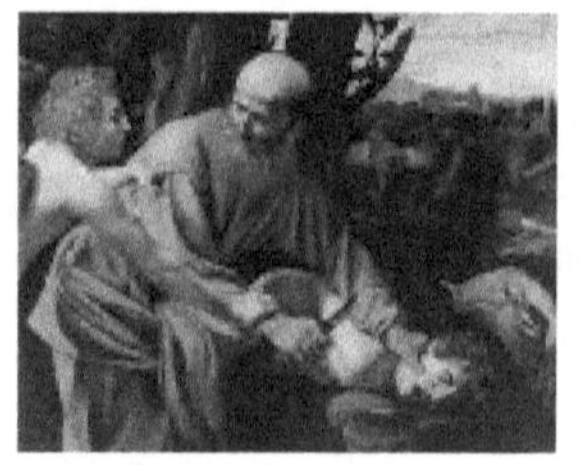

INDICE

Traduzione

Associazione Culturale
IL VENTAGLIO
Via Trattati Di Roma N. 5
90040 Capaci (PA)

No-profit

Ed.Lulu.com
Finito di stampare negli stabilimenti Lulu.com
nel mese di luglio 2011

www.ingramcontent.com/pod-product-compliance
Ingram Content Group UK Ltd.
Pitfield, Milton Keynes, MK11 3LW, UK
UKHW020218250726
13967UKWH00001B/71

9 781447 772255